경계 존중 교육 그림책

내가 안아 줘도 될까?

제이닌 샌더스 글
세라 제닝스 그림
김경연 옮김

풀빛

글쓴이 제이닌 샌더스

호주에서 활동하는 어린이책 작가입니다. 삼십 년 넘게 교사로 활동하면서 어린이들의 안전 교육의 중요성을 느껴
직접 책을 쓰고 출판했습니다. 어린이들이 다양한 책을 통해 안전과 경계 존중이라는 개념을 만나도록 노력하고 있습니다.

그린이 세라 제닝스

런던에서 활동하는 일러스트레이터입니다. 다리가 세 개인 고양이 캘빈과 함께 지내며 여러 책에 그림을 그리고 있습니다.

옮긴이 김경연

서울대학교에서 독문학을 전공하고 〈독일 아동 및 청소년 아동 문학 연구〉라는 논문으로 아동 청소년 관련 박사 학위를 받았습니다.
아동 문학가이자 번역가로서 많은 어린이책을 번역하고 좋은 외국 도서를 소개하는 일에 힘쓰고 있습니다.
옮긴 책으로는 《행복한 청소부》《브루노를 위한 책》《여왕 기젤라》《여름의 규칙》《행운 전달자》《이상해? 다양해!》 들이 있습니다.

Let's Talk About Body Boundaries, Consent and Respect, published by Educate2Empower Publishing,
an imprint of UpLoad Publishing Pty Ltd. Victoria Australia, www.upload.com.au

Text copyright © Jayneen Sanders 2018
Illustration copyright © Sarah Jennings 2018
All rights reserved.

Korean translation copyright © Pulbit Publishing Co. 2019
This Korean translation is published by arrangement with UpLoad Publishing Pty Ltd through Greenbook Literary Agency.

이 책의 한국어판 저작권과 판권은 그린북저작권에이전시 영미권을 통한 저작권자와의 독점 계약으로
도서출판 풀빛에 있습니다. 저작권법에 의해 한국 내에서 보호를 받는 저작물이므로 무단 전재와 무단 복제,
전송, 배포 등을 금합니다.

선생님과 학부모님들께

우리는 모두 몸의 경계가 있습니다. 몸의 경계란 눈에 보이지는 않지만 누구나 존중받아야 하는 신체적이고 물리적인 개인 영역을 말합니다. 아이들에게 몸의 경계에 대해 알려 주는 일은 매우 중요합니다. 다른 사람에게 피해를 주지 않고, 서로 존중하고 배려하는 태도를 길러 주니까요. 뿐만 아니라 내 몸의 경계를 알고 있으면, 다른 사람이 내 몸에 어떤 행동을 할 때 그 행동에 어떻게 대응해야 하는지를 스스로 판단할 수 있습니다. 이러한 판단은 아동 성폭력을 막을 수 있습니다.

자신의 경계가 있듯이 다른 사람 역시 경계가 있다는 사실을 이해하는 것도 매우 중요합니다. 다른 사람의 경계를 존중하고, 그 경계 안으로 들어갈 때는 반드시 동의를 구해야 한다는 것을 알면 사회성을 기르는 데에 큰 도움이 됩니다.

이런 이유에서 최근 어린이들에게 경계와 존중에 대한 교육이 활발하게 이루어지고 있습니다. 이 책은 경계 존중 교육과 관련된 개념들을 아이들이 쉽게 이해할 수 있도록 도와줍니다. 아이와 함께 책을 보면서 자신에게 같은 상황이 닥쳤을 때 어떻게 해야 하는지 토론해 보세요. 이 토론에서 얻은 깨달음을 통해 아이들은 안전하고 건강하게 살아가는 데 대단히 중요한 기술을 배우게 될 것입니다.

너의 몸은 너의 것이야.

넌 아주 특별해. 너와 똑같은 사람은 아무도 없어!

누구나 자신만의 경계가 있어. 너도 너만의 경계가 있어.
누구도 네 허락 없이 몸의 경계 안으로 들어와서는 안 돼.
그 경계는 보이지 않아. 보이지 않는다고 없다는 뜻은 아니야.

몸의 경계는
보이지 않지만
비눗방울처럼
우리 몸을
에워싸고 있어.

몸을 쭉 펴고
당당하게 서서
손가락으로
몸의 경계선을
그려 봐.

여기 소년을 봐.
여동생을 껴안으려고 해.

여동생은 오빠가 껴안아 주기를
바라는 것 같아? 네 생각은 어때?

여동생을 껴안고 싶으면
어떻게 해야 할까?

오빠는 여동생을 껴안기 전에 먼저 물어봐야 해.
그리고 허락을 받아야 껴안을 수 있어.

만약 여동생이 거절하면 오빠는 그 선택을 존중하고 여동생을 껴안아서는 안 돼.
여동생의 몸이니까!

여동생이 허락하면 껴안아도 돼. 그건 두 사람 다 동의했기 때문이야.
여동생과 오빠 모두 서로 껴안아서 행복하지.

응!

존중은 다른 사람의 뜻을 이해하고 귀하게 여기는 거야. 존중은 매우 중요한 단어야.

때로는 어떻게 대답해야 할지 잘 모를 때가 있어.
그럼 "잘 모르겠어."라고 하거나 아무 말도 하지 않아도 돼.

네가 "잘 모르겠어."라고 말하거나 아무 대답도 하지 않는다고 '좋다'라는 뜻은 아니야.
'동의'가 아닌 거지. 동의는 네가 알아야 할 또 하나의 중요한 단어로
상대방의 뜻과 같다는 뜻이야.

가끔은 네가 원하지 않을 때도 "응."이라고 대답할 때가 있어.
너보다 나이가 많은 사람이 물어봤기 때문일 거야.
하지만 누가 물어보든 네가 원하는 것을 분명하게 말해야 해.
기억해. 너의 몸은 네 것이고, 너의 말이 중요해.
네가 싫으면 "아니." 또는 "싫어."라고 말해도 돼.
나보다 나이가 많은 사람에게도 마찬가지야.

포옹하거나 손을 잡는 것을 허락했어도 언제든지 그만두어 달라고 말해도 돼.
네가 허락했다고 해서 상대가 계속해서 네 손을 잡을 수 있다는 뜻은 아니거든.
언제라도 네가 원치 않으면, 상대방은 너의 선택을 존중해서 그만두어야 해.

아기를 껴안고 싶을 때는 어떻게 해야 할까? 이때도 아기에게 물어봐야 해.
안아 주는 것이 좋으면 아기는 기분이 좋아 까르륵 웃을 거야.
너에게 몸을 기대기도 할 거고.

안아 주는 것이 싫으면 아기는 울거나 너를 밀어 버리려고 애를 쓸 거야.
아기가 어떻게 행동하는지 주의해서 봐야 해. 왜냐하면 아기는 말을 할 수 없으니까.
우리는 아기의 경계도 존중해야 해.

사람은 모두 달라. 어떤 사람은 껴안기와 손 잡기를 좋아하고 어떤 사람은 그렇지 않아.
또 어느 날은 껴안기를 좋아하지만 다음 날은 내키지 않을 수도 있어.
친구가 월요일에 손을 잡아도 좋다고 허락했어도 그다음 날인 화요일과 또 그 다음다음 날인 수요일, 그다음 다음다음 날인 목요일에도 손을 잡을 수 있다는 뜻은 아니야. 매번 손을 잡아도 괜찮은지 물어봐야 해.

사촌 형은 소년을 자전거에 태워 주고 싶어 해.
소년은 자전거를 타고 싶어 할까? 어떻게 알 수 있지?

맞아. 소년의 표정에서 알 수 있어.

소년은 사촌 형이 말한 대로 해야 할까?
왜 그래야 하지? 나이가 어려서?

소년은 "아니. 안 탈래."라고 말해도 돼.

그럼 사촌 형은 어떻게 해야 할까?
"그래! 다음번에 나랑 같이 타자."라고 말하면 돼.

하지만 사촌 형이 말을 들으려 하지 않는다면,
소년의 뜻을 존중하지 않는다면, 소년은 어떻게 해야 할까?

'안전망'에 속하는 어른에게 이야기하면 돼.

안전망에 있는 어른에게 어떤 사람이 너의 경계를 존중하지 않거나 너의 뜻을 무시한다고 말하는 건 '고자질'이 아니야. 상대방이 너를 존중하지 않았기 때문에 너는 네가 믿는 누군가에게 말할 권리가 있어.

안전망은
네가 신뢰하는 어른
서너 명으로 이루어져 있어.
이들은 네가 어떤 이야기도
할 수 있는 어른들이고
네 말을 믿을 거야.
꼭 가족일 필요는 없어.

보통 우리는 가족이나 친구들과 껴안거나 뽀뽀하는 것을 아주 좋아해.
그럴더라도 너는 언제라도 원하지 않으면 "아니."라고 말할 수 있다는 것을 꼭 기억해.
네 몸은 너의 것이고 너의 뜻을 말로 표현하는 것이 중요해.

우리는 모두 경계가 있어. 갓난아기든, 걸음마를 배우는 아이든, 어린이든, 청소년이든, 어른이든 모두 경계가 있단다.

존중은 매우 중요한 단어야.

우리는 다른 사람의 경계를 존중해야 하고 다른 사람의 선택 역시 존중해야 해.

한 소년이 학교 모래밭에서 초록색 양동이와 삽을 갖고 놀고 있어.
그런데 파란 모자를 쓴 소년이 양동이를 가져가려고 해.

파란 모자를 쓴 소년은 옳은 행동을 하고 있을까? 이럴 땐 어떻게 해야 할까?

파란 모자 소년은 양동이를 써도 되냐고 물어봐야 해.

양동이를 가진 소년은 세 가지 선택을 할 수 있어.

1. **거절하기** "미안하지만 지금은 내가 써야 해."

2. **허락하기** "응. 양동이를 가져가도 돼."

3. **다른 제안하기** "양동이를 함께 쓰자."

양동이를 가진 소년이 무엇을 선택하든, 파란 모자 소년은 그 선택을 존중해야 해.

차례를 기다리는 것도 매우 중요해.
초록색 카디건을 입은 소녀가 학교 매점에서 줄을 서서 기다리고 있어.
그런데 하늘색 티셔츠를 입은 소녀가 앞에 끼어들려고 해.

초록색 카디건 소녀는 뭐라고 말해야 할까?

새치기하지 마.
네 차례를 기다려.

하늘색 티셔츠 소녀는 다른 아이들과 마찬가지로 줄을 서서 기다려야 해.
우리는 모두 차례를 기다려야 해. 차례를 기다리는 일은 짜증이 날 수도 있어.
시간이 오래 걸릴 수도 있거든. 그럴 때면 마음을 가라앉히는 방법을 찾아 봐.
깊게 숨을 몇 번 들이쉬는 것도 좋은 방법이야.

하지만 겁이 나서 말을 하지 못할 때는 어떻게 해야 할까?
안전망에 있는 어른에게 말하면 돼.

사람은 때로 화가 나기도 해.
소년은 소녀가 먼저
미끄럼틀을 타는 게 화가 났어.
그래서 소녀의 경계 안으로
들어가 밀쳐 버렸어.

소년은 이럴 때
어떻게 해야 할까?

그래! 자기 차례를
기다려야 해.

때때로 마음대로 되지 않으면 화를 내거나 억지를 부리거나
다른 사람의 경계 안으로 들어가는 아이들이 있어.
네가 이런 일을 당하면 어떻게 해야 할까?

1. 경고하기 "내 경계에 들어오지 마."

2. 안전망에 있는 어른에게 말하기

화가 났다고 해서 누군가를 때리거나 밀치면
절대 안 돼.
그건 잘못된 행동이야.
상대방을 존중하는 게 아니니까.

언제나 기억해!

1. 너의 경계 안으로 들어오는 사람들에게 "안 돼!"라고 말할 수 있어.
만약 상대방이 네 말을 듣지 않으면
안전망에 있는 어른에게 도와 달라고 말해도 돼.

2. 사람들은 너의 경계를 존중해야 하고, 너 역시 다른 사람의 경계를 존중해야 해.

3. 너의 몸은 너의 것이고, 너는 네 몸의 주인이야!

그리고 기억해.
너는 세상에서 단 하나뿐인 소중한 존재야.

아이와 함께 생각해 보세요!

아이와 함께 책을 보면서 질문하기, 제안하기, 토론하기 등 여러 활동을 해 보세요.
아이가 몸의 소유권과 경계, 동의, 존중, 존중하는 관계를 익히는 데 도움이 될 것입니다.
먼저 글과 그림을 함께 보면서 아이가 느끼는 감정을 말하도록 격려합니다.
그런 다음 다른 사람에 대한 공감과 이해를 발전시킬 수 있도록 토론합니다.
마지막으로는 아이의 의견을 귀담아 듣고, 긍정적인 반응을 하면서 평가합니다.
활동에 필요한 다른 읽기 자료를 활용해도 좋습니다.

4~5쪽
＊질문하기
'내 몸은 나의 것'이라는 말은 어떤 뜻일까?
너는 네 몸의 주인이니? 왜 그렇게 생각해?
너는 다른 아이들과 똑같을까, 다를까?
너에게 특별한 점이 있니? 어떤 거야?

6~7쪽
＊제안하기
몸을 쭉 펴고 일어나서 손가락으로 몸의 경계선을 그려 보자.

＊질문하기
왜 몸의 경계가 중요할까?

8~9쪽
＊토론하기
아이에게 8쪽 첫 번째 질문을 해 보세요. 아이가 대답을 하면 그와 비슷한 경험이 있었는지 질문해 보세요. 토론을 통해 소년이 여동생의 허락 없이 여동생의 경계 안으로 들어갔다는 사실을 이끌어 내세요.

＊질문하기
소년은 여동생의 경계 안으로 들어갔니?
여동생의 허락 없이 여동생의 경계 안으로 들어가도 괜찮을까? 왜 그렇게 생각하니?
여동생은 "아니."라고 말할 수 있을까? 왜 그렇게 생각하니?

10~11쪽
＊토론하기
존중이라는 단어에 대해 토론해 보세요. 어떤 아이든 충분히 이 단어를 이해할 수 있을 거예요. 만약 이해하기 어려워하면 이렇게 예를 들어 주세요. "A가 B에게 같이 놀자고 했을 때 A가 거절한다고 해도, B는 A의 의견을 존중해야 한단다."

12~13쪽
＊토론하기
'동의'라는 단어에 대해 토론해 보세요. 만약 이해하기 어려워하면 예를 들어 주세요. 아이에게 "신발 끈을 묶을 때 도와줄까?"라고 물어보고, 아이가 "네."라고 대답하면, 그것이 동의의 사례라고 알려 주는 겁니다.

14~15쪽
＊토론하기
나보다 나이가 많은 사람이 경계 안으로 들어오려고 하면 어떻게 해야 하는지 토론해 보세요. 그리고 원하지 않을 때는 "아니."라고 말할 권리가 있다는 것을 알려 주세요.

16~17쪽
＊질문하기
지난번에는 친구랑 손을 잡거나 포옹하는 것이 좋았지만, 이번에는 싫을 수도 있어. 그럴 땐 어떻게 말해야 할까?

18~19쪽
＊질문하기
아기를 안아 본 적이 있니? 그럴 때 아기는 어떻게 했어? 아기는 말을 못 하는데, 아기가 안아 주기를 바라는지 아닌지 어떻게 알까?

20~21쪽
＊질문하기
동의를 구해야 한다는 말은 무슨 뜻일까?
어떤 사람에게 손을 잡아도 되냐고 물었을 때 그 사람이 거절한다면 너는 어떻게 말할래? "응."이라고 대답한다면?
친구가 너의 손을 잡거나 껴안고 싶어하지 않는다면 너를 싫어한다는 뜻일까? 아니면 그냥 친구의 선택일 뿐일까?

22~23쪽
＊질문하기
나이가 많은 사람에게는 어떻게 거절해야 할까? 네 생각대로 "아니."라고 말할 수 있을까?

24~25쪽
＊질문하기
'안전망'이란 무엇일까? 너의 안전망에 속하는 사람은 누구니?

＊제안하기
손바닥에 너의 안전망에 있는 사람의 수를 써 봐.

＊질문하기
'고자질'이란 무엇일까?
네가 안전하지 못하다고 느낄 때 안전망에 속하는 누군가에게 말해도 괜찮을까? 왜 그렇게 생각해?

26~27쪽
＊질문하기
26쪽 그림에서 서로 인사하는 사람들은 행복해 보이니? 왜 그렇게 생각해?
서로 경계 안에 들어가 있는 두 사람이 누군지 가리켜 봐.
두 사람은 포옹을 좋아하는 것 같아? 왜 그렇게 생각해? 서로 포옹하기 전에 뭐라고 했을 것 같아?

＊제안하기
다시 한번 우리 몸의 경계를 그려 보자.

28~29쪽
＊제안하기
양동이를 가진 소년의 입장이라면 어떻게 했을지 이야기해 보자.

30~31쪽
＊토론하기
존중은 무슨 뜻인지 토론해 보세요.

＊질문하기
왜 소년에게는 세 가지 선택이 있을까? 너라면 어떻게 할래?
"아니."라고 말해도 괜찮을까?

＊토론하기
파란 모자 소년이 양동이를 써도 되냐고 물었고, 다른 소년의 선택을 존중한다는 것이 요점임을 잊지 마세요.

32~33쪽
＊질문하기
새치기를 한 소녀의 행동은 올바를까? 왜 그렇게 생각해?
새치기를 당한 소녀가 "새치기 하지 마!"라고 말하면 올바른 행동일까? 왜 그렇게 생각 해?
누가 네 앞으로 새치기를 한다면 어떻게 할래?
네 차례가 올 때까지 기다린 적이 있니? 그래도 괜찮았어?

34~35쪽
＊질문하기
소녀가 먼저 미끄럼틀에 온 게 소년이 화를 내야 할 일일까? 왜 그렇게 생각해?
왜 누군가를 밀치면 안 될까?
만약 상대가 너의 말을 듣지 않아서 화가 나면 어떻게 해야 할까?
화가 났던 적이 있니? 마음을 진정하기 위해 어떻게 했니?

＊제안하기
화가 나면 깊은 숨을 들이쉬고 내쉬어 보자. 숨을 내쉴 때는 마치 뜨거운 차를 불듯이 세게 불어 보자.

36~37쪽
＊독후 활동
아이가 내놓은 의견들을 적어 두고 다시 읽어 보세요.
이 책의 주요 메시지를 그림으로 그려 보게 하거나, 더 많은 토론을 해 봅니다. 아이에게 자신을 그리게 하고 그 밑에 "나는 내 몸의 주인이다. 나와 정확히 똑같은 사람은 없다!"라고 쓰게 하세요. 그리고 이런 생각이 자신을 특별하고 자신답게 한다는 사실을 이야기해 주세요.

경계 존중 교육 그림책

내가 안아 줘도 될까?

초판 1쇄 발행 2019년 1월 25일 | **초판 5쇄 발행** 2023년 7월 21일
글쓴이 제이닌 샌더스 | **그린이** 세라 제닝스 | **옮긴이** 김경연
펴낸이 홍석 | **이사** 홍성우 | **편집부장** 이정은 | **편집** 조유진
디자인 권영은 · 김연서 | **마케팅** 이송희 · 이민재 | **관리** 최우리 · 김정선 · 정원경 · 홍보람 · 조영행 · 김지혜
펴낸곳 도서출판 풀빛 | **등록** 1979년 3월 6일 제2021-000055호 | **주소** 서울특별시 강서구 양천로 583 우림블루나인 A동 21층 2110호
전화 02-363-5995(영업) 02-362-8900(편집) | **팩스** 070-4275-0445
전자우편 kids@pulbit.co.kr | **홈페이지** www.pulbit.co.kr | **블로그** blog.naver.com/pulbitbooks | **인스타그램** instagram.com/pulbitkids
ISBN 979-11-6172-114-9 77330

이 도서의 국립중앙도서관 출판예정도서목록(CIP)은 서지정보유통지원시스템 홈페이지(http://seoji.nl.go.kr)와
국가자료종합목록시스템(http://www.nl.go.kr/kolisnet)에서 이용하실 수 있습니다. (CIP제어번호 : CIP2018041852)

*책값은 뒤표지에 표시되어 있습니다.
*파본이나 잘못된 책은 구입하신 곳에서 바꿔 드립니다.

품명 아동 도서 **사용연령** 5세 이상 **제조국** 대한민국 **제조년월** 2023년 7월 21일
제조자명 도서출판 풀빛 **연락처** 02-363-5995 **주소** 서울특별시 강서구 양천로 583 우림블루나인 A동 21층 2110호
주의사항 종이에 베이거나 긁히지 않도록 조심하세요. 책 모서리가 날카로우니 던지거나 떨어뜨리지 마세요.
KC마크는 이 제품이 공통안전기준에 적합하였음을 의미합니다.